Impressum
Verlag: BABADADA GmbH, Nedderfeld 112 , 22529 Hamburg
Geschäftsführer / Verlagsleitung: Harald Hof
Druck: Books on Demand GmbH, In de Tarpen 42, 22848 Norderstedt

Imprint
Publisher: BABADADA GmbH, Nedderfeld 112 , 22529 Hamburg, Germany
Managing Director / Publishing direction: Harald Hof
Print: Books on Demand GmbH, In de Tarpen 42, 22848 Norderstedt, Germany

l'école
school

la salle de classe
classroom

diviser
divide

$186/2$

le tableau noir
board

la cour de récréation
school yard

l'enseignant
teacher

le papier
paper

écrire
write

le stylo
pen

le bureau
desk

la règle
ruler

le livre
book

l'élève
pupil

le sac d'école
satchel

la trousse
pencil case

le crayon
pencil

le taille-crayon
pencil sharpener

la gomme
rubber

le carnet à dessin
drawing pad

le dessin

drawing

le pinceau

paintbrush

la boîte de peinture

paint box

les ciseaux

scissors

la colle

glue

le cahier d'exercices

exercise book

les tâches

homework

le chiffre

number

2+2

additionner

add

5-2

soustraire

subtract

2×2

multiplier

multiply

calculer

calculate

A

la lettre

letter

ABCDEFG
HIJKLMN
OPQRSTU
VWXYZ

l'alphabet

alphabet

le mot

word

le texte

text

lire

read

la craie

chalk

la leçon

lesson

le livre de classe

register

l'examen

exam

le certificat

certificate

l'uniforme scolaire

school uniform

la formation

education

le lexique

encyclopedia

l'université

university

le microscope

microscope

la carte

map

la corbeille à papier

paper bin

l'hôtel
hotel

l'auberge
hostel

le bureau de change
bureau de change

la valise
suitcase

la voiture
car

la langue
language

oui / non
yes / no

d'accord
Okay

Salut
hello

l'interprète
translator

merci
Thank you

Combien coûte...?

how much does ... cost?

Je ne comprends pas

I do not understand

le problème

problem

Bonsoir!

Good evening!

Bonjour!

Good morning!

Bonne nuit!

Good night!

Au revoir

bye bye

la direction

direction

les bagages

luggage

le sac

bag

le sac-à-dos

backpack

l'hôte

guest

la pièce

room

le sac de couchage

sleeping bag

la tente

tent

le voyage - travel

l'office de tourisme

tourist information

la plage

beach

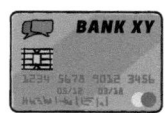

la carte de crédit

credit card

le petit-déjeuner

breakfast

le déjeuner

lunch

le dîner

dinner

le billet

ticket

l'ascenseur

lift

le timbre

stamp

la frontière

border

la douane

customs

l'ambassade

embassy

le visa

visa

le passeport

passport

l'avion
aeroplane

le navire
ship

le véhicule de pompiers
fire engine

le bus
bus

le camion
truck

le bateau à moteur
motorboat

la bicyclette
bike

la voiture
car

le ferry

ferry

la barque

boat

la moto

motorbike

la voiture de police

police car

la voiture de course

racing car

la voiture de location

rental car

l'autopartage

car sharing

la dépanneuse

breakdown truck

la benne à ordures

refuse truck

le moteur

motor

l'essence

fuel

la station d'essence

petrol station

le panneau indicateur

traffic sign

le trafic

traffic

l'embouteillage

traffic jam

le parking

car park

la gare

train station

les rails

tracks

le train

train

le tram

tram

le wagon

carriage

le transport - transport

l'hélicoptère

helicopter

l'aéroport

airport

la tour

tower

le passager

passenger

le container

container

le carton

carton

le chariot

cart

la corbeille

basket

décoller / atterrir

take off / land

la ville

city

le village

village

le centre-ville

city centre

la maison

house

le cinéma
cinema

la publicité
advert

le réverbère
street light

CINEMA

la rue
street

le taxi
taxi

le kiosque
snack shop

le piéton
pedestrian

le trottoir
pavement

le carrefour
crossing

le passage piéton
zebra crossing

la poubelle
bin

les feux de circulation
traffic lights

la cabane
hut

l'appartement
flat

la gare
train station

la mairie
town hall

le musée
museum

l'école
school

l'université

university

la banque

bank

l'hôpital

hospital

l'hôtel

hotel

la pharmacie

pharmacy

le bureau

office

la librairie

book shop

le magasin

shop

le fleuriste

florist's

le supermarché

supermarket

le marché

market

le grand magasin

department store

la poissonnerie

fishmonger's

le centre commercial

shopping centre

le port

harbour

le parc

park

la banque

bench

le pont

bridge

les escaliers

stairs

le métro

underground

le tunnel

tunnel

l'arrêt de bus

bus stop

le bar

bar

le restaurant

restaurant

la boîte à lettres

postbox

le panneau indicateur

road sign

le parcomètre

parking meter

le zoo

zoo

le réverbère

swimming pool

la mosquée

mosque

la ville - city

la ferme

farm

la pollution

pollution

le cimetière

graveyard

l'église

church

l'aire de jeux

playground

le temple

temple

le paysage
landscape

la feuille
leaf

le panneau indicateur
signpost

le chemin
way

le pré
meadow

la pierre
stone

le randonneur
hiker

l'arbre
tree

la rivière
river

l'herbe
grass

la fleur
flower

la vallée
valley

la montagne
hill

le lac
lake

la forêt
forest

le désert
desert

le volcan
volcano

le château
castle

l'arc-en-ciel
rainbow

le champignon
mushroom

le palmier
palm tree

le moustique
mosquito

la mouche
fly

les fourmis
ant

l'abeille
bee

l'araignée
spider

le paysage - landscape

le scarabée

beetle

la grenouille

frog

l'écureuil

squirrel

le hérisson

hedgehog

le lapin

hare

la chouette

owl

l'oiseau

bird

le cygne

swan

le sanglier

boar

le cerf

deer

l'élan

moose

le barrage

dam

l'éolienne

wind turbine

le panneau solaire

solar panel

le climat

climate

le serveur
waiter

le menu
menu

la chaise
chair

la soupe
soup

la pizza
pizza

les services
cutlery

la nappe
tablecloth

les hors d'œuvre
starter

le plat principal
main course

le dessert
dessert

les boissons
drinks

l'alimentation
food

la bouteille
bottle

le fast-food

fast food

les plats à emporter

street food

la théière

teapot

le sucrier

sugar bowl

la portion

portion

la machine à expresso

espresso machine

la chaise haute

high chair

la facture

bill

le plateau

tray

le couteau

knife

la fourchette

fork

la cuillère

spoon

la cuillère à thé

teaspoon

la serviette

serviette

le verre

glass

l'assiette
plate

l'assiette à soupe
soup plate

la soucoupe
saucer

la sauce
sauce

la salière
salt cellar

le moulin à poivre
pepper mill

le vinaigre
vinegar

l'huile
oil

les épices
spices

le ketchup
ketchup

la moutarde
mustard

la mayonnaise
mayonnaise

le supermarché
supermarket

l'offre promotionnelle
special offer

le client
customer

les produits laitiers
dairy

les fruits
fruit

le caddie
trolley

FOR

---

la boucherie
butcher's

la boulangerie
baker's

peser
weigh

les légumes
vegetables

la viande
meat

les aliments surgelés
frozen food

la charcuterie

cold meat

les conserves

tinned food

la poudre à lessive

washing powder

les bonbons

sweets

les articles ménagers

household products

les détergents

cleaning products

la vendeuse

salesperson

la caisse

till

le caissier

cashier

la liste d'achats

shopping list

les heures d'ouverture

opening hours

le portefeuille

wallet

la carte de crédit

credit card

le sac

bag

le sac en plastique

plastic bag

l'eau

water

le jus de fruit

juice

le lait

milk

le coca

coke

le vin

wine

la bière

beer

l'alcool

alcohol

le chocolat chaud

cocoa

le thé

tea

le café

coffee

l'expresso

espresso

le cappuccino

cappuccino

la banane

banana

la pomme

apple

l'orange

orange

le melon

melon

le citron

lemon

la carotte

carrot

l'ail

garlic

le bambou

bamboo

l'oignon

onion

le champignon

mushroom

les noisettes

nuts

les pâtes

noodles

les spaghettis

spaghetti

le riz

rice

la salade

salad

les frites

chips

les pommes de terre rôties

fried potatoes

la pizza

pizza

le hamburger

hamburger

le sandwich

sandwich

l'escalope

cutlet

le jambon

ham

le salami

salami

la saucisse

sausage

le poulet

chicken

le rôti

roast

le poisson

fish

les flocons d'avoine
....
porridge oats

le muesli
....
muesli

les cornflakes
....
cornflakes

la farine
....
flour

le croissant
....
croissant

les petits-pains
....
bread roll

le pain
....
bread

le pain grillé
....
toast

les biscuits
....
biscuits

le beurre
....
butter

le fromage blanc
....
curd

le gâteau
....
cake

l'œuf
....
egg

l'œuf au plat
....
fried egg

le fromage
....
cheese

l'alimentation - food

la glace

ice cream

le sucre

sugar

le miel

honey

la confiture

jam

la crème nougat

chocolate spread

le curry

curry

la ferme
farmhouse

la botte de paille
straw bale

la grange
barn

le champ
field

le cheval
horse

la remorque
trailer

le poulain
foal

le tracteur
tractor

l'âne
donkey

le mouton
sheep

l'agneau
lamb

la chèvre
goat

la vache
cow

le veau
calf

le porc
pig

le porcelet
piglet

le taureau
bull

l'oie

goose

le canard

duck

le poussin

chick

la poule

hen

le coq

cock

le rat

rat

le chat

cat

la souris

mouse

le bœuf

ox

le chien

dog

le chenil

doghouse

le tuyau de jardin

garden hose

l'arrosoir

watering can

la faucheuse

scythe

la charrue

plough

la faucille

sickle

la pioche

hoe

la fourche

pitchfork

la hache

axe

la brouette

wheelbarrow

la cuve

trough

le pot à lait

milk can

le sac

sack

la clôture

fence

l'étable

stable

la serre

greenhouse

le sol

soil

les semences

seed

l'engrais

fertilizer

la moissonneuse-batteuse

combine harvester

récolter

harvest

la récolte

harvest

l'igname

yams

le blé

wheat

le soja

soy

la pomme de terre

potato

le maïs

corn

le colza

rapeseed

l'arbre fruitier

fruit tree

le manioc

cassava

les céréales

cereals

la cheminée
chimney

le toit
roof

la gouttière
drain pipe

la fenêtre
window

le garage
garage

la sonnette
doorbell

la porte
door

la poubelle
rubbish bin

la boîte aux lettres
letterbox

le jardin
garden

le salon
living room

la chambre de bain
bathroom

la cuisine
kitchen

la chambre à coucher
bedroom

la chambre d'enfant
child's room

la salle à manger
dining room

le sol
floor

le mur
wall

le plafond
ceiling

la cave
cellar

le sauna
sauna

le balcon
balcony

la terrasse
terrace

la piscine
pool

la tondeuse à gazon
lawn mower

la fourre de duvet
sheet

la couette
bedspread

le lit
bed

le balai
broom

le sceau
bucket

l'interrupteur
switch

le papier peint
wallpaper

l'image
picture

la lampe
lamp

l'étagère
shelf

l'armoire
cupboard

la télé
television

la cheminée
fireplace

la fleur
flower

le coussin
cushion

le canapé
sofa

le vase
vase

la télécommande
remote control

le tapis
carpet

le rideau
curtain

la table
table

la chaise
chair

la chaise à bascule
rocking chair

le fauteuil
armchair

le livre

book

la couverture

blanket

la décoration

decoration

le bois de chauffage

firewood

le film

film

la chaîne hi-fi

hi-fi equipment

la clé

key

le journal

newspaper

la peinture

painting

le poster

poster

la radio

radio

le bloc-notes

notepad

l'aspirateur

hoover

le cactus

cactus

la bougie

candle

le frigo
fridge

le four à micro-ondes
microwave oven

la balance de cuisine
kitchen scales

le toasteur
toaster

le détergent
detergent

le compartiment congélateur
freezer

le four
oven

la poubelle
rubbish bin

le lave-vaisselle
dishwasher

le four
cooker

la casserole
pot

la marmite
cast-iron pot

le wok/kadai
wok / kadai

la poêle
pan

la bouilloire électrique
kettle

le cuiseur vapeur

steamer

la plaque de cuisson

baking tray

la vaisselle

crockery

le gobelet

mug

le bol

bowl

les baguettes

chopsticks

la louche

ladle

la spatule

spatula

le fouet

whisk

la passoire

strainer

le tamis

sieve

la râpe

grater

le mortier

mortar

le barbecue

barbecue

la cheminée

open fire

la planche à découper

chopping board

le rouleau à pâtisserie

rolling pin

le tire-bouchon

corkscrew

la boîte

can

l'ouvre-boîte

can opener

les maniques

pot holder

le lavabo

sink

la brosse

brush

l'éponge

sponge

le mixeur

blender

le congélateur

deep freezer

le biberon

baby bottle

le robinet

tap

le chauffage
heating

la douche
shower

la serviette
towel

le rideau de douche
shower curtain

le bain moussant
bubble bath

la baignoire
bathtub

le verre
glass

la machine à laver
washing machine

le robinet
tap

le carrelage
tiles

le pot
potty

le lavabo
sink

les toilettes

toilet

la toilette à la turque

squat toilet

le bidet

bidet

l'urinoir

urinal

le papier toilette

toilet paper

la brosse à toilette

toilet brush

la brosse à dents

toothbrush

le dentifrice

toothpaste

le fil dentaire

dental floss

laver

wash

la douche manuelle

handheld shower

la douche intime

douche

la vasque

basin

la brosse dorsale

back brush

le savon

soap

le gel douche

shower gel

le shampooing

shampoo

le gant de toilette

flannel

l'écoulement

drain

la crème

cream

le déodorant

deodorant

le miroir

mirror

le miroir cosmétique

hand mirror

le rasoir

razor

la mousse à raser

shaving foam

l'après-rasage

aftershave

la peigne

comb

la brosse

brush

le sèche-cheveux

hair dryer

la laque pour cheveux

hairspray

le fond de teint

makeup

le rouge à lèvres

lipstick

le vernis à ongles

nail varnish

l'ouate

cotton wool

le coupe-ongles

nail scissors

le parfum

perfume

la trousse de toilette

washbag

le tabouret

stool

la balance

weighing scale

le peignoir

bathrobe

les gants de nettoyage

rubber gloves

le tampon

tampon

les serviettes hygiéniques

sanitary towel

la toilette chimique

chemical toilet

le réveil
alarm clock

le doudou
cuddly toy

la voiture jouet
toy car

le hochet
rattle

la maison de poupée
doll's house

le cadeau
present

le ballon

balloon

le lit

bed

la poussette

pram

le jeu de cartes

deck of cards

le puzzle

jigsaw

la bande dessinée

comic

les pièces lego

lego bricks

les blocs de construction

building blocks

la figurine

action figure

la grenouillère

romper suit

le frisbee

Frisbee

le mobile

mobile

le jeu de société

board game

le dé

dice

le train miniature

model train set

la sucette

dummy

la fête

party

le livre d'images

picture book

la balle

ball

la poupée

doll

jouer

play

le bac à sable

sandpit

la balançoire

swing

les jouets

toys

la console de jeu

video game console

le tricycle

tricycle

l'ours en peluche

teddy bear

l'armoire

wardrobe

les vêtements

clothing

les chaussettes

socks

les bas

stockings

le collant

tights

l'écharpe
scarf

la ceinture
belt

le parapluie
umbrella

le t-shirt
t-shirt

les baskets
trainers

les bottes
boots

les pantoufles
slippers

les sandales
sandals

les chaussures
shoes

les bottes de caoutchouc
rubber boots

le linge de corps
underpants

le soutien-gorge
bra

le maillot de corps
vest

les vêtements - clothing

45

le body
body

le pantalon
trousers

le jean
jeans

la jupe
skirt

le chemisier
blouse

la chemise
shirt

le pull
pullover

le pull-over à capuche
hoodie

la veste
blazer

la veste
jacket

le manteau
coat

l'imperméable
raincoat

le costume
costume

la robe
dress

la robe de mariée
wedding dress

le costume

suit

la chemise de nuit

nightgown

le pyjama

pyjamas

le sari

sari

le foulard

headscarf

le turban

turban

la burqa

burqa

le caftan

kaftan

l'abaya

abaya

le maillot de bain

swimsuit

le costume de bain

trunks

les cuissettes

shorts

la tenue d'entraînement

tracksuit

le tablier

apron

les gants

gloves

les vêtements - clothing

le bouton

button

les lunettes

glasses

le bracelet

bracelet

le collier

necklace

la bague

ring

la boucle d'oreille

earring

le bonnet

cap

le cintre

coat hanger

le chapeau

hat

la cravate

tie

la fermeture éclair

zipper

le casque

helmet

les bretelles

braces

l'uniforme scolaire

school uniform

l'uniforme

uniform

le bavoir

bib

la sucette

dummy

la couche

nappy

le bureau
office

le serveur
server

l'armoire d'archivage
filing cabinet

l'imprimante
printer

l'écran
monitor

le papier
paper

le bureau
desk

la souris
mouse

le classeur
folder

le clavier
keyboard

la corbeille à papier
paper bin

la chaise
chair

l'ordinateur
computer

la tasse à café

coffee mug

la calculatrice

calculator

l'internet

internet

l'ordinateur portable
laptop

la lettre
letter

le message
message

le portable
mobile

le réseau
network

la photocopieuse
photocopier

le logiciel
software

le téléphone
telephone

la prise
plug socket

le fax
fax machine

le formulaire
form

le document
document

acheter

buy

payer

pay

marchander

trade

la monnaie

money

 USD

le dollar

dollar

 EUR

l'euro

euro

 JPY

le yen

yen

 RUB

le rouble

rouble

 CHF

le franc suisse

Swiss franc

 CNY

le renminbi yuan

renminbi yuan

 INR

la roupie

rupee

le distributeur automatique

cashpoint

le bureau de change
bureau de change

l'or
gold

l'argent
silver

le pétrole
oil

l'énergie
energy

le prix
price

le contrat
contract

la taxe
tax

l'action
stock

travailler
work

l'employé
employee

l'employeur
employer

l'usine
factory

le magasin
shop

l'agent de police
police officer

le pompier
fireman

le cuisinier
cook

le médecin
doctor

le pilote
pilot

le jardinier
gardener

le menuisier
carpenter

la couturière
seamstress

le juge
judge

le chimiste
chemist

l'acteur
actor

le conducteur de bus

bus driver

le chauffeur de taxi

taxi driver

le pêcheur

fisherman

la femme de ménage

cleaning lady

le couvreur

roofer

le serveur

waiter

le chasseur

hunter

le peintre

painter

le boulanger

baker

l'électricien

electrician

l'ouvrier

builder

l'ingénieur

engineer

le boucher

butcher

le plombier

plumber

le facteur

postman

le soldat

soldier

l'architecte

architect

le caissier

cashier

le fleuriste

florist

le coiffeur

hairdresser

le contrôleur

conductor

le mécanicien

mechanic

le capitaine

captain

le dentiste

dentist

le scientifique

scientist

le rabbin

rabbi

l'imam

imam

le moine

monk

le prêtre

clergyman

les professions - occupations

le marteau
hammer

les pinces
pliers

le tournevis
screwdriver

la clé
spanner

la torche
torch

la pelleteuse
digger

la boîte à outils
toolbox

l'échelle
ladder

la scie
saw

les clous
nails

la perceuse
drill

réparer
repair

la pelle
shovel

Mince!
Damn!

la pelle
dustpan

le pot de peinture
paint pot

les vis
screws

les instruments de musique
musical instruments

le haut-parleur
loudspeaker

la batterie
drum kit

la guitare
guitar

la contrebasse
double bass

la trompette
trumpet

le piano

piano

le violon

violin

la basse

bass

les timbales

timpani

le tambour

drums

le piano électrique

keyboard

le saxophone

saxophone

la flûte

flute

le microphone

microphone

l'entrée
entrance

le tigre
tiger

la cage
cage

le zèbre
zebra

l'alimentation animale
animal feed

le panda
panda

les animaux
animals

l'éléphant
elephant

le kangourou
kangaroo

le rhinocéros
rhino

le gorille
gorilla

l'ours
bear

le chameau

camel

l'autruche

ostrich

le lion

lion

le singe

monkey

le flamand rose

flamingo

le perroquet

parrot

l'ours polaire

polar bear

le pingouin

penguin

le requin

shark

le paon

peacock

le serpent

snake

le crocodile

crocodile

le gardien de zoo

zookeeper

le phoque

seal

le jaguar

jaguar

le poney

pony

le léopard

leopard

l'hippopotame

hippo

la girafe

giraffe

l'aigle

eagle

le sanglier

boar

le poisson

fish

la tortue

turtle

le morse

walrus

le renard

fox

la gazelle

gazelle

l'american Football
American football

le cyclisme
cycling

le tennis
tennis

le basket-ball
basketball

la natation
swimming

la boxe
boxing

le hockey sur glace
ice hockey

le football

football

le badminton

badminton

l'athlétisme

athletics

le handball

handball

le ski

skiing

le polo

polo

sauter
jump

embrasser
hug

rire
laugh

marcher
walk

chanter
sing

prier
pray

faire la bise
kiss

rêver
dream

écrire
write

dessiner
draw

montrer
show

pousser
push

donner
give

prendre
take

avoir

have

faire

do

être

be

être debout

stand

courir

run

trier

pull

jeter

throw

tomber

fall

être couché

lie

attendre

wait

porter

carry

être assis

sit

s'habiller

get dressed

dormir

sleep

se réveiller

wake up

regarder

look at

pleurer

cry

caresser

stroke

peigner

comb

parler

talk

comprendre

understand

demander

ask

écouter

listen

boire

drink

manger

eat

ranger

tidy up

aimer

love

cuire

cook

conduire

drive

voler

fly

faire de la voile
....
sail

calculer
....
calculate

lire
....
read

apprendre
....
learn

travailler
....
work

se marier
....
marry

coudre
....
sew

se brosser les dents
....
brush teeth

tuer
....
kill

fumer
....
smoke

envoyer
....
send

a grand-mère
grandmother

le grand-père
grandfather

le père
father

la mère
mother

le bébé
baby

la fille
daughter

le fils
son

l'hôte

guest

la tante

aunt

l'oncle

uncle

le frère

brother

la sœur

sister

le front
forehead

l'œil
eye

l'épaule
shoulder

le doigt
finger

le visage
face

le menton
chin

la main
hand

la poitrine
breast

la jambe
leg

le bras
arm

le bébé
baby

l'homme
man

la femme
woman

la fille
girl

le garçon
boy

la tête
head

le dos

back

le ventre

belly

le nombril

belly button

l'orteil

toe

le talon

heel

l'os

bone

la hanche

hip

le genou

knee

le coude

elbow

le nez

nose

les fesses

bottom

la peau

skin

la joue

cheek

l'oreille

ear

la lèvre

lip

le corps - body

la bouche
····················
mouth

la dent
····················
tooth

la langue
····················
tongue

le cerveau
····················
brain

le cœur
····················
heart

le muscle
····················
muscle

les poumons
····················
lung

le foie
····················
liver

l'estomac
····················
stomach

les reins
····················
kidneys

le rapport sexuel
····················
sex

le préservatif
····················
condom

l'ovule
····················
ovum

le sperme
····················
semen

la grossesse
····················
pregnancy

la menstruation

menstruation

le vagin

vagina

le pénis

penis

le sourcil

eyebrow

les cheveux

hair

le cou

neck

l'hôpital
hospital

l'ambulance
ambulance

le fauteuil roulant
wheelchair

la fracture
fracture

le médecin

doctor

le service des urgences

emergency room

l'infirmière

nurse

l'urgence

emergency

inconscient

unconscious

la douleur

pain

la blessure

injury

l'hémorragie

bleeding

la crise cardiaque

heart attack

l'attaque cérébrale

stroke

l'allergie

allergy

la toux

cough

la fièvre

fever

la grippe

flu

la diarrhée

diarrhoea

le mal de tête

headache

le cancer

cancer

le diabète

diabetes

le chirurgien

surgeon

le scalpel

scalpel

l'opération

operation

le CT

CT

la radiographie

x-ray

l'échographie

ultrasound

le masque

face mask

la maladie

disease

la salle d'attente

waiting room

la béquille

crutch

le pansement

plaster

le pansement

bandage

l'injection

injection

le stéthoscope

stethoscope

le brancard

stretcher

le thermomètre

clinical thermometer

l'accouchement

birth

le surpoids

overweight

l'appareil auditif

hearing aid

le désinfectant

disinfectant

l'infection

infection

le virus

virus

le VIH / le sida

HIV / AIDS

le médicament

medicine

la vaccination

vaccination

les tablettes

tablets

la pilule

pill

l'appel d'urgence

emergency call

le tensiomètre

blood pressure monitor

malade / sain

sick / healthy

Au secours!

Help!

l'alarme

alarm

l'agression

assault

l'attaque

attack

le danger

danger

la sortie de secours

emergency exit

Au feu!

Fire!

l'extincteur

fire extinguisher

l'accident

accident

la trousse de premier secours

first-aid kit

SOS

SOS

la police

police

l'Europe

Europe

l'Amérique du Nord

North America

l'Amérique du Sud

South America

l'Afrique

Africa

l'Asie

Asia

l'Australie

Australia

l'Océan atlantique

Atlantic

l'Océan pacifique

Pacific

l'Océan indien

Indian Ocean

l'Océan antarctique

Antarctic Ocean

l'Océan arctique

Arctic Ocean

le Pôle nord

North Pole

le Pôle sud

South Pole

l'Antarctique

Antarctica

la terre

Earth

le pays

land

la mer

sea

l'île

island

la nation

nation

l'état

state

le cadran

clock face

l'aiguille des heures

hour hand

l'aiguille des minutes

minute hand

l'aiguille des secondes

second hand

Quelle heure est-il?

What time is it?

le jour

day

le temps

time

maintenant

now

la montre digitale

digital watch

la minute

minute

l'heure

hour

lundi
Monday

mardi
Tuesday

mercredi
Wednesday

jeudi
Thursday

samedi
Saturday

vendredi
Friday

dimanche
Sunday

hier

yesterday

aujourd'hui

today

demain

tomorrow

le matin

morning

le midi

noon

le soir

evening

les jours ouvrables

business days

le week-end

weekend

la pluie
rain

l'arc-en-ciel
rainbow

le vent
wind

la neige
snow

le printemps
spring

l'automne
autumn

l'été
summer

l'hiver
winter

la météo

weather forecast

le thermomètre

thermometer

la lumière du soleil

sunshine

le nuage

cloud

le brouillard

fog

l'humidité

humidity

la foudre

lightning

le tonnerre

thunder

la tempête

storm

la grêle

hail

la mousson

monsoon

l'inondation

flood

la glace

ice

janvier

January

février

February

mars

March

avril

April

mai

May

juin

June

juillet

July

août

August

septembre

September

octobre

October

novembre

November

décembre

December

les formes
shapes

le cercle

circle

le carré

square

le rectangle

rectangle

le triangle

triangle

la sphère

sphere

le cube

cube

blanc

white

jaune

yellow

orange

orange

rose

pink

rouge

red

violet

purple

bleu

blue

vert

green

marron

brown

gris

grey

noir

black

beaucoup / peu

a lot / a little

fâché / calme

angry / calm

joli / laid

beautiful / ugly

le début / la fin

beginning / end

grand / petit

big / small

clair / obscure

bright / dark

le frère / la sœur

brother / sister

propre / sale

clean / dirty

complet / incomplet

complete / incomplete

le jour / la nuit

day / night

mort / vivant

dead / alive

large / étroit

wide / narrow

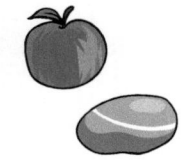

comestible / incomestible

edible / inedible

méchant / gentil

evil / nice

excité / ennuyé

excited / bored

gros / mince

fat / thin

le premier / le dernier

first / last

l'ami / l'ennemi

friend / enemy

plein / vide

full / empty

dur / souple

hard / soft

lourd / léger

heavy / light

faim / soif

hunger / thirst

malade / sain

sick / healthy

illégal / légal

illegal / legal

intelligent / stupide

intelligent / stupid

gauche / droite

left / right

proche / loin

near / far

nouveau / usé

new / used

rien / quelque chose

nothing / something

vieux / jeune

old / young

marche / arrêt

on / off

ouvert / fermé

open / closed

faible / fort

quiet / loud

riche / pauvre

rich / poor

correct / incorrect

right / wrong

rugueux / lisse

rough / smooth

triste / heureux

sad / happy

court / long

short / long

lent / rapide

slow / fast

mouillé / sec

wet / dry

chaud / froid

warm / cool

la guerre / la paix

war / peace

les oppositions - opposites

les nombres

numbers

0

zéro
zero

1

un
one

2

deux
two

3

trois
three

4

quatre
four

5

cinq
five

6

six
six

7

sept
seven

8

huit
eight

9

neuf
nine

10

dix
ten

11

onze
eleven

12

douze

twelve

13

treize

thirteen

14

quatorze

fourteen

15

quinze

fifteen

16

seize

sixteen

17

dix-sept

seventeen

18

dix-huit

eighteen

19

dix-neuf

nineteen

20

vingt

twenty

100

cent

hundred

1.000

mille

thousand

1.000.000

le million

million

l'anglais

English

l'anglais américain

American English

le chinois mandarin

Mandarin Chinese

le hindi

Hindi

l'espagnol

Spanish

le français

French

l'arabe

Arabic

le russe

Russian

le portugais

Portuguese

le bengali

Bengali

l'allemand

German

le japonais

Japanese

je

I

tu
---
you

il / elle
---
he / she / it

nous
---
we

vous
---
you

ils / elles
---
they

qui?
---
who?

quoi?
---
what?

comment?
---
how?

où?
---
where?

quand?
---
when?

le nom
---
name

derrière

behind

dans

in

devant

in front of

au-dessus

over

sur

on

en-dessous

under

à côté de

beside

entre

between

le lieu

place